El eco

de la culpa

GODOT|BERENICE

IGNACIO DEL BURGO

El eco
de la culpa

DRAMA EN UN ACTO SOBRE MEMORIA Y VIOLENCIA

PRÓLOGO DE JAVIER RUPÉREZ

Berenice

© Ignacio del Burgo, 2026
© Editorial Almuzara, s.l., 2026

www.editorialberenice.com

Berenice • Colección Godot
Director editorial: Javier Ortega
Maquetación: Daniel Vera Muñoz

Editorial Almuzara
Parque Logístico de Córdoba. Ctra. Palma del Río, km 4
C/8, Nave L2, nº 3. 14005, Córdoba

Impresión y encuadernación: Liber Digital
ISBN: 979-13-87811-32-7
Depósito Legal: CO-178-2026

Impreso en España/Printed In Spain

En memoria de todas las víctimas de ETA.

Las que perdieron la vida y las que quedaron para llorarlas.

IGNACIO DEL BURGO:
IMPOSIBILIDAD DEL DIÁLOGO:
RESPONSABILIDAD, SUFRIMIENTO Y MIEDO.

UNA REFLEXIÓN SOBRE LA CULPA,
EL PERDÓN Y LA VIOLENCIA

Ignacio del Burgo, con la contundencia del teólogo, nos describe lo imposible: la viabilidad del diálogo entre el asesino y su víctima. No es la primera vez que, en foros creativos o discursivos, más próximos a los que en nombre del nacionalismo terrorista etarra practicaron la violencia que aquellos que sufrieron sus consecuencias, se intenta esa aproximación, una vez que los "gudaris" no tuvieron más remedio que entregar sus instrumentos de barbarie. Y con la intención tan sumergida como patente de encontrar justificación a todos aquellos que, en nombre de la liberación de la patria vasca y en palabras del famoso peneuvista Javier Arzallus, "agitaron las ramas", para que otros, los amigos de Arzallus por más señas, "recogieron los frutos".

Del Burgo discurre por otro camino, que tiene su origen en una finalidad descriptiva, y muestra en principio una disposición favorable a investigar y conocer el resultado del poco habitual encuentro. Naturalmente facilitado, dado el entorno geográfico y sociológico en que se produce, por una intermediación clerical. Y en el que los protagonistas de uno y otro lado no tuvieron la relevancia normalmente concedida a los que aquí y allá ostentaron el liderazgo y sufrieron las consecuencias, sino la reservada a la gente del común: el joven nacionalista vasco al que solo acaba guiando el miedo que percibe ante la posibilidad de ser infiel a los mandatos de la banda criminal y el hijo del modesto industrial vasco que en su niñez se ve golpeado por la brutal desaparición de su padre, acusado de no haber querido contribuir al "impuesto revolucionario".

Esta pieza en un acto, traducida en la precisión de unas palabras plenamente adecuadas a la complejidad del planteamiento, nos describe con razón lo evidente de la tragedia: el asesino no osa pedir perdón ante una víctima que tampoco está en situación de solicitarlo. Porque aquello, como si de una conclusión se tratara, nos lleva al final de la tragedia de entonces y de ahora: el terrorismo no sirvió para otra cosa que no fuera desolación y muerte. Aunque algunos de sus protagonistas, siempre al amparo de los habituados a "recoger los frutos" y de otros más recientes, que con tal de sumar votos están dispuestos a satisfacer cualquier precio que al respecto se exija, encuentran el beneficio y la visibilidad que nunca les hubiera concedido una sociedad debidamente organizada en paz, libertad y justicia.

* * *

Ignacio del Burgo, con la sabiduría y el buen hacer de un excelente dramaturgo, nos asoma sin parapetos ni dobleces a la terrible historia de violencia y terror con que los nacionalistas vascos sometieron a toda España, sin otra justificación que la de sus propias ambiciones territoriales y económicas, y tanto en tiempos de la dictadura como, sobre todo, ya en tiempos de la democracia. Su texto, que merece ser releído y guardado con el respeto que merecen las palabras dignas de recordación, nos hacen traer a la memoria aquellas que la víctima de su narración no explícitamente pronuncia, pero cuya presencia hace sentir a lo largo de su diálogo: "Ni olvido ni perdón".

JAVIER RUPÉREZ

DRAMA EN UN ACTO

Personajes

JULEN (60): Ex miembro de ETA. Acaba de salir de prisión.
IKER (40): Hijo de un asesinado en cuyo atentado participó Julen.
EL CURA (70): Párroco del pueblo.

Espacio Único

Una vieja ermita en el monte, próxima al pueblo. Paredes de piedra húmeda, bancos de madera y una puerta de hierro que chirría al abrirse. Hay un ventanuco sin cristal, abierto entre rendijas por donde se cuela el viento.

Sonido y luz

Noche cerrada. Iluminación tenue (velas y una lámpara de aceite que EL CURA depositará sobre el altar). Viento de fondo. En un momento dado, ecos lejanos de cohetes o palmas (fuera de escena y breve).

Ritmo

Los silencios se indican como [pausa] (2–3 s), [silencio] (5–8 s), [vacío] (10–15 s). No deben rellenarse.

Nota de dirección

Obra de intensidad emocional. El texto exige contención y verdad interpretativa. No se trata de elevar constantemente el volumen, sino de sostener la tensión a través de silencios, miradas y gestos físicos. La fragilidad de JULEN debe mostrarse también en el cuerpo (respiración, movimientos contenidos), mientras que la rabia de IKER se sostiene más en la palabra.

Temática

Memoria, violencia política, heridas abiertas, imposibilidad del perdón.

(Oscuridad. Un chirrido. Se oye abrirse una puerta de hierro. Entra EL CURA a paso lento con una linterna en el interior de una vieja ermita. Tras él va JULEN, envejecido, con vaqueros gastados y una chaqueta raída. A unos pasos, IKER, nervioso, con los puños apretados. EL CURA deja la linterna en un banco y enciende unas velas y una lámpara de gas sobre el altar).

EL CURA.— *(Bajo, sin solemnidad.)* Tenéis la ermita para vosotros. Nadie sube a estas horas. Cerrad por dentro *(Mira a IKER.)* Has dado el paso. Eso dice mucho de ti.

(Se encamina a la puerta. Antes de salir, se vuelve un instante, pero no dice nada. Sale. Quedan IKER y JULEN. Este último se sienta en un lateral del banco de la primera fila. IKER apoya la espalda en una columna, a un lado del altar. Permanecen mirándose en silencio, cara a cara).

[vacío]

IKER.— *(Sin mirarle.)* No debería estar aquí. No sé a qué he venido.

JULEN.— Yo lo pedí.

IKER.— Sí, ya sé que lo pediste. ¿Y para qué? ¿Qué sentido tiene esto?

[silencio]

IKER.— *(Se desplaza hasta el altar.)* Te he preguntado que para qué.

(JULEN baja la cabeza. Se oye viento entrando por el ventanuco de la ermita.)

JULEN.— No lo sé… Ojalá lo supiera. Solo sé que tenía que hacerlo.

[silencio]

IKER.— *(Con rabia contenida.)* Si esperas que te dé la mano… *(Pausa, lo mira con dureza.)*… y que te diga que te perdono… *(Pausa más larga.)* es que has perdido la chaveta.

(JULEN alza la vista, la sostiene.)

JULEN.— No espero nada.

IKER—. Mejor. Porque nada es lo que mereces.

(IKER empieza a caminar por la ermita, nervioso. Mira los muros, el altar. Regresa a su posición, frente a JULEN.)

[vacío]

IKER.— Hace frío aquí dentro. *(Eleva la vista. Mira alrededor.)* Este sitio está hecho una ruina.

JULEN.— (*Sigue la mirada de IKER.*) El padre Xabi me ha comentado que hay un proyecto para arreglarla. La gente del pueblo aún sube en romería.

IKER.— Más vale que lo hagan pronto o se acabará cayendo a pedazos.

[*silencio*]

IKER.— (*Baja la vista y, con un tono más áspero, cambia de registro.*). Esta mañana has tenido tu fiesta, ¿no? Tu *ongi etorri*. Pancartas. Aplausos. Como si fueras un héroe que volviera de una guerra ganada. (*Pausa, le clava la mirada.*) Y no: vienes de pudrirte treinta años en una cárcel de mala muerte.

JULEN.— Yo no pedí ningún recibimiento... (*Se lleva la mano al pecho, como si le faltara el aire, y tarda en recomponerse*). Nunca lo quise.

IKER.— No lo quisiste, dices... pero allí estabas. Te he visto en la tele. No te apartabas de los abrazos ni de los vítores. Bien que los recogías. Y bien contento se te veía.

JULEN.— (*Se encoge de hombros.*) ¿Y qué querías que hiciera? ¿Salir corriendo? Estaban todos allí, esperándome. Cuando uno vuelve después de tantos años, no se puede dar la espalda. Llaman a eso agradecimiento. Y sí, joder, se lo debía. Mucha gente se jugó el cuello por nosotros cuando estábamos entre rejas.

[*vacío*]

IKER.— (*Vuelve a mirar a su alrededor, con desprecio.*) ¿Por qué aquí?

JULEN.— Fue idea del padre Xabi. Se ofreció y me pareció bien. Aquí no hay aplausos. Y estas paredes… ya lo han escuchado todo. Seguro que han oído más de lo que cualquiera de nosotros podría soportar.

IKER.— Espero que no pienses que por estar en una iglesia voy a inclinar la cabeza y poner la otra mejilla. (*Pausa, lo mira con frialdad.*) Si es eso lo que crees, te equivocas. A mí estas piedras no me dicen nada. Mi fe en Dios se quedó en aquel garaje. Entre el aceite y la sangre. Entre los zapatos de mi padre y los disparos que le atravesaron. (*Pausa.*) Desde entonces, nada de santos ni de rezos. Porque, si existe un Dios, aquella tarde se quedó mirando… sin mover un dedo.

JULEN.— (*Con enfado.*) Te he dicho que fue cosa del cura, ¡joder!

IKER.— El cura… nunca le tuve simpatía. Me asqueaba esa equidistancia suya. Nos sermoneaba con aquello de "la paz de los dos bandos". Como si los dos hubiéramos sangrado igual. Comprensión, diálogo… todas esas gilipolleces que repetía desde el púlpito, mientras mi madre lloraba sola en casa. (*Pausa, la voz más dura.*) Y aun así, ella le tenía aprecio. Nunca entendí por qué. No sé si pudo encontrar un rincón de consuelo en aquel silencio de sotanas. Yo desde luego nunca lo hallé. Yo solo vi miradas apartadas, funerales fríos, palabras gastadas. Los curas decían "todos somos hijos de Dios". Yo pensaba: no… algunos son hijos. Y otros… huérfanos.

[vacío]

IKER.— De todos modos... no hacía ninguna falta que estuvieras conmigo. La tumba de mi padre está cerca. Ve allí a decir lo que tengas que decir.

JULEN.— (*Se mueve inquieto.*) Dije tu nombre al cura. No el de tu padre. El tuyo. No quería hablar con un muerto.

IKER.— Ese muerto tiene nombre.

JULEN.— Lo sé. No hace falta que me lo recuerdes. (*Tose.*)

IKER.— Nómbralo.

(*JULEN se hiela. Intenta articular algo, carraspea, pero la voz no le sale.*)

IKER.— Te digo que lo nombres.

JULEN.— (*Mira al suelo, encoge los hombros.*) No... no me sale decirlo.

IKER.— José Luis. (*Pausa, avanza un paso.*) Ese es su nombre. (*Pausa larga.*) Tiene cojones... que no seas capaz ni de decirlo. (*Pausa breve, lo mira con asco contenido.*) ¿No quieres hablar con un muerto? Yo, en cambio, no he tenido más remedio que hacerlo. (*La voz más baja, casi un susurro*). Voy al cementerio y le pido que me afloje este dolor que me carcome desde niño, ese mismo que fue acabando con mi madre día tras día... hasta que ya no quedó de ella más que el silencio.

[vacío]

(Leve crujido. Las velas titilan. Los dos respiran hondo. Lejanísimo, apenas audible, unas palmas y dos cohetes aislados. No duran. Solo un eco.)

IKER.— *(Escucha, apenas inclina la cabeza.)* ¿Lo oyes?

JULEN.— *(Cierra los ojos.)* Sí.

IKER.— Creo que son para ti.

JULEN.— Son para el que fui. *(Pausa.)* Ese ya no está.

IKER.— Mi padre tampoco. *(Le mira sin pestañear.)* Y ese sí que ya no vuelve.

[silencio]

JULEN.— Tu padre…

IKER.— José Luis.

JULEN.— *(Le cuesta pronunciarlo, mira al suelo.)* Tu padre… José Luis. Nunca fue personal. No había nada de ti, ni de tu madre, ni de él en mi cabeza. Solo una orden. Un nombre en una lista. Y yo, un soldado obedeciendo.

IKER.— *(Explota.)* ¿Pero qué mierda de justificación es esa?

JULEN.— (*Grita, con furia contenida.*) ¡Escúchame o vete! (*Vuelve a toser, se obliga a serenarse, la voz baja, casi suplicante.*) Te pido que me escuches.

(*IKER aprieta los labios, vuelve a apoyar la espalda en la pared, no responde.*)

JULEN.— Entré muy joven, apenas tenía dieciséis años. (*Vuelve a toser.*) Cantábamos consignas, pintábamos paredes, y en las reuniones clandestinas corría más kalimotxo que ideas. Al principio era una cuadrilla de amigos, nada más. Y torpes. Muy torpes. La primera vez que me dieron una pistola me temblaron los dientes. Me sudaban las manos, apenas podía sostenerla. (*Pausa, se obliga a continuar.*) Pero noté que en el pueblo comenzaban a mirarme distinto. Los viejos me observaban con respeto, las chicas se fijaban en mí, y sí, es verdad, algunos curas hablaban de nosotros como si fuéramos la semilla de la libertad.

IKER.— (*Ironiza.*) Todo muy conmovedor…

JULEN.— ¿Conmovedor? Puede. Pero cuando a esa edad te cuelgan un hierro en el cinturón, dejas de ser un crío cualquiera. Ya no eres un chaval del montón. Sientes que perteneces a algo enorme. Te has convertido en un *gudari*.

IKER.— (*Lo interrumpe, con rabia.*) ¡Un *gudari*! (*Pausa, le clava la mirada.*) Mi padre volvía a casa con una bolsa de la compra. Era un hombre del pueblo de toda la vida. Más vasco que todos los de tu cuadrilla juntos. ¿Ese era tu enemigo? ¿Eso os hacía soldados? (*Pausa larga, la voz se quiebra en furia.*) No teníais nada de *gudaris*. Sólo erais unos asesinos jugando a la guerra.

JULEN.— Lo que quiero decir es que al final uno se lo acababa creyendo. Te crees de verdad que estás liberando a tu pueblo. A tu país. ¡A *Euskal Herria*! (*Pausa breve.*) Te convences de que luchas contra un gigante injusto. De que eres un libertador. Cada pintada en una pared parece una victoria. Cada contenedor ardiendo, una batalla ganada. Y cada disparo… una ofrenda a la patria vasca. (*Pausa larga, baja la voz.*) Luego te acostumbras a mirar a los demás por encima del hombro, hasta que, sin darte cuenta, dejas de ver personas. Solo objetivos.

IKER.— Vamos, que eras un pobre pelele al que lavaron el cerebro. Esa es tu coartada. (*Pausa breve.*) Si eso te consuela, allá tú. A mí me da igual. (*Paso al frente, con dureza.*) ¿*Gudaris*? Te diré algo: los verdaderos gudaris se enfrentaban en el campo de batalla, cara a cara, cuerpo a cuerpo, sin esconderse. Peleaban sabiendo que podían caer en el mismo barro que sus enemigos. (*Pausa, la voz sube.*) Vosotros no. Vosotros lo hacíais a traición. Un tiro por la espalda. Un disparo a quemarropa. Una bomba bajo un coche. Y luego corríais a esconderos en las sombras. (*Pausa larga, le clava la mirada.*) ¿Todo eso qué tiene que ver con la guerra? Incluso la guerra tiene sus reglas, sus códigos, un mínimo de honor. (*Señala a JULEN con violencia.*) Lo vuestro era otra cosa: terrorismo puro. Asesinar a gente sin darle ninguna opción de defenderse. (*Más bajo, con desprecio.*) Dime, *gudari*, ¿qué hay de valor en eso?

JULEN.— Podría contarte cómo se las gastaban los del otro bando. Hablarte del GAL, de las cloacas, de la guerra sucia. De las cosas que nos hacían los *txakurras* en los cuarteles. Las palizas que nos daban, las noches enteras sin dormir, con la bolsa en la cabeza y los golpes hasta reventarte las costillas. Podría hablarte de mis compañeros, de los que se pudrieron en celdas de aislamiento, de los que salieron tarados de tanto castigo. (*Pausa, niega con la cabeza, la voz se apaga.*) Podría soltar toda esa mierda aquí... pero no he venido a eso.

IKER.— (*Corto, tajante.*) Entonces ahórramela. Termina de una vez con lo que tengas que decir.

[silencio]

(*IKER vuelve a su posición. Se recuesta contra la pared, levanta una pierna y apoya la planta del pie en ella. Mete las manos en los bolsillos. Respira hondo, intentando contener la furia.*)

JULEN.— Conocía a tu padre de verlo por el pueblo. No lo odiaba. Ni siquiera me caía mal. (*Tose.*) Sabía que había recibido las cartas... y que no había querido pagar. (*Pausa, más bajo.*) Yo estaba en Francia cuando llegó la lista con los nombres. Uno era el suyo. No pensé en él. No pensé en su mujer. Ni en el crío ese con quien lo había visto alguna vez paseando de la mano por la calle. Solo me fijé en el calendario: *"tal día, a tal hora"*. (*Pausa larga, la voz seca.*) Me creas o no, la verdad es que yo no quería hacerlo. Hubiera preferido que le tocase a otro, a cualquiera. Un militar, un político, algún cabrón con galones. Pero yo no decidía. Cuando estás dentro… no hay opción a discutir.

IKER.— ¡No me vengas ahora con eso de que tú no decidías! Siempre hay opción. Siempre. Nadie te puso una pistola en la sien para que apretaras el gatillo. (*Pausa, lo señala con rabia.*) Lo hiciste tú. La alternativa era tan simple como no disparar, como dar media vuelta y marcharte. ¿Sabes qué habría pasado si hubieras elegido eso? Que nadie muere.

JULEN.— No sabes de lo que hablas. Tú no lo entiendes.

(*Pausa. IKER lo mira fijo, sin pestañear.*)

IKER.— ¿Qué es lo que no entiendo?

(*JULEN agacha la cabeza. El silencio se espesa.*)

IKER.— (*Más duro.*) Que me digas qué coño es lo que no entiendo.

JULEN.— (*Estalla, casi gritando, con la voz rota.*) ¡Que tenía miedo!

(*Silencio.*)

IKER.— ¿De qué?

JULEN.— (*Respira agitadamente, se pasa la mano temblorosa por la frente, como si tratara de apartar un sudor frío, y baja el tono poco a poco.*) De no ser nadie sin la banda, de no tener un nombre si no me lo daba la causa, de lo que podía pasarme si me largaba.

IKER.— Pues te equivocas. He deseado tu muerte muchas veces. Ninguna de ellas en una cama.

JULEN.— Bueno... pues es lo que hay. Digamos que no me quedan balas, ni tampoco futuro.

[silencio]

IKER.— (*Lo mira con desdén, la voz gélida.*) ¿Y por eso has venido a buscarme? ¿Para soltarme unas palabras y poder irte al infierno con la conciencia tranquila? Me estás utilizando para eso... para absolverte antes de morir. Como si yo fuera tu maldito confesionario.

(*JULEN baja la mirada al suelo*).

[pausa]

IKER.— (*Lo encara, la voz tensa.*) Dime al menos que te arrepientes de lo que hiciste.

JULEN.— (*Su mirada sigue en el suelo. Titubea.*) Si pudiera volver atrás...

IKER.— (*Corta de golpe, con enfado.*) ¡No! No es eso lo que te he pedido. (*Da un paso al frente.*) Claro que no puedes volver atrás. Nadie puede. Lo que quiero saber es si te arrepientes. Ahora. Aquí. Responde.

JULEN.— (*Tras un silencio incómodo, apenas audible.*) Me arrepiento de muchas cosas...

IKER.— (*Golpea con el puño el banco más cercano.*) ¡No te escurras! ¡Deja de dar rodeos! Te pregunto algo claro. ¿Te arrepientes de haber matado a mi padre?

JULEN.— (*Se queda helado, respira hondo, casi susurra.*) Está bien… Sí. Me arrepiento de eso.

IKER.— (*Mira fijamente a JULEN.*) ¿Y por qué no lo dices en voz alta? ¿Por qué no lo gritas de una puta vez? (*Pausa, empieza a caminar a su alrededor, como un fiscal.*) Yo te diré por qué. Porque te falta valor. Te fue más fácil disparar contra un hombre indefenso que abrir la boca y condenar lo que hiciste. (*Se le acerca, le clava la mirada, la voz como un cuchillo.*) Admítelo. En público. Que todos lo oigan. Escribe una carta. No para mí, ni para tu cuadrilla, ni para tu cura. ¡Para el mundo entero! Repudia lo que hicisteis, todo el daño que sembrasteis en este país. Reconoce que no valió la pena. Que no sirvió de nada. Dilo de una vez: que todo fue mentira, que no liberasteis a nadie, que solo llenasteis cementerios y arruinasteis familias. (*La voz sube un punto, casi grito.*) ¡Escríbelo! Que quede ahí, negro sobre blanco. Que nadie más pueda usar vuestras excusas podridas. Que nadie tenga la tentación de volver a repetirlo. (*Pausa breve, la voz se quiebra un instante.*) Y que, al menos, alguna víctima pueda encontrar un resquicio de consuelo en tu arrepentimiento.

JULEN.— (*Rompe, casi grita, con la voz quebrada*) ¡No puedo!

IKER.— (*Se le acerca hasta quedar cara a cara, la respiración agitada.*) ¿Que no puedes? (*Pausa breve.*) Tu gente ya no mata. Puedes estar tranquilo. Nadie va a pegarte un tiro por la espalda. No te va a pasar lo que a Yoyes, ni lo que a mi padre, si eso es lo que temes. (*Lo señala en el pecho con el dedo.*) Ya no tienes nada que perder.

JULEN.— (*Retrocede en el banco, baja la voz, casi suplicante.*) Te digo que no puedo hacerlo. No me salen las palabras… No sé ni cómo empezar.

IKER.— (*Estalla.*) ¡Cobarde! Eso es lo que eres. Lo que siempre has sido. (*Lo empuja contra el respaldo del banco, con rabia contenida.*) Tuviste cojones para disparar, pero no los tienes para pedir perdón.

[silencio]

(*Ambos se miran, respirando agitados. IKER le da la espalda y vuelve a su posición.*)

IKER.— (*Más bajo, pero firme.*) Escribe una carta. Ahora que te quedan cuatro días de vida. (*Pausa breve, la voz baja, más suave, casi suplicante.*) Escríbela. Pide perdón a tus víctimas. Condena lo que hiciste. Reconoce que lo vuestro fue una puta locura. Que apretaste un gatillo contra un hombre al que nunca miraste a los ojos. Que ninguna idea justificaba un acto tan vil. Escribe una carta. Hazlo.

[vacío]

IKER.— Aún no me has dicho qué hacemos aquí.

JULEN.— No he venido a pedir perdón, si es lo que esperabas. Eso lo sé imposible.

IKER.— Mejor así. El perdón no es algo que yo esté dispuesto a dar. Tú no solo asesinaste a mi padre: me mataste con él. Con tu disparo enterraste mis cumpleaños, mis veranos, los cuentos antes de dormir, los consejos que me habrían hecho bien, las regañinas que me habrían corregido, los abrazos que me habrían sostenido. Cada instante que compone una vida lo fusilaste de golpe. Y en cada comida me dejaste una silla vacía, esa misma que me acompaña hasta hoy. (*Pausa breve.*) Y no quedó ahí. Porque cada vez que volvía a estallar una bomba, cada vez que otro caía en una esquina, cada vez que en la tele daban un nombre distinto… yo volvía a perder a mi padre. Era como volver a vivirlo todo. Como si la bala que lo atravesó siguiera viajando, una y otra vez, entrando en mi casa, en mi memoria, en mi pecho. Cada atentado reabría la herida, la hacía más honda, la infectaba más. Nunca cicatrizó nada: solo se fue pudriendo.

JULEN.— Lo único que sí puedo decirte es que lo siento.

IKER.— (*Baja la voz, absorto, casi para sí mismo.*) No sabías nada de él: cómo sonaba su risa, las canciones que desafinaba, su miedo a las alturas… No le odiabas, me has dicho. Es peor: te daba igual. Ni siquiera fue odio lo que lo mató, sino indiferencia. Solo era un trámite, un expediente más en vuestro archivo de muerte. Le arrancasteis del mapa como quien arranca una mala hierba… y a mí me condenasteis a crecer torcido.

(*Pausa. Avanza un paso, con voz más grave.*)

IKER.— Lo admitas o no, sé que tú llevas su presencia en tu cabeza cada día, y yo su ausencia en la mía. Tú cargarás con lo que hiciste; yo, con lo que me falta. Eso no se equilibra. No se compensa. No se negocia. Sin perdón no hay paz, y con él… puede que tampoco.

(*Respira hondo, casi un susurro que se afila.*)

IKER.— En el fondo, mejor que no me pidas perdón. Porque aunque por un segundo se me ablandara algo por dentro, no sería para que tú duermas tranquilo. No voy a regalarte ese alivio. Yo no soy tu excusa. No soy la llave que te libere. Seguirás respirando con ese clavo hundido en el pecho hasta tu último aliento.

(*Se aleja despacio hacia la puerta.*)

IKER.— Ahora te quedas aquí, en esta ermita, rodeado de tus fantasmas. Yo me llevo el mío, con nombre y apellidos. Tú has venido buscando redención… y ojalá no la hayas encontrado. Porque yo salgo igual que entré: con la misma silla vacía esperándome en cada mesa, el mismo hueco imposible de llenar.

(*Da dos pasos hacia la puerta. Se detiene. Gira apenas la cabeza.*)

IKER.— Una cosa más. Si mañana vuelven a aplaudirte, calla. Y si quieren que hables, di su nombre. No para humillarle, sino para recordarle. Para honrar su memoria. Y si alguna vez alguien te pregunta por qué pasó, no adornes la respuesta con consignas ni discursos. No digas que fue por la patria, ni por la lucha, ni por la libertad de tu ensoñada *Euskal Herria*. Si tienes que abrir la boca, di la verdad: que lo hiciste por miedo. Y si dices "miedo", que no suene a excusa. Que suene a cobardía, porque eso es lo que fuiste. (*Pausa.*) Y que sea eso lo último que recuerden de ti.

(*Abre la puerta.*)

IKER.— (*Ya en el umbral, sin volverse.*) No te odio. No alcanzo a tanto. Pero no te perdono. Y con eso vamos a vivir.

(*IKER abandona la ermita. JULEN queda solo. No llora. No se desploma. Se pone en pie despacio. Toca con la yema de los dedos el borde del banco, pensativo. Unos segundos después, EL CURA aparece en el vano, no entra.*)

EL CURA (*bajo*).— ¿Habéis terminado?

JULEN.— Sí.

EL CURA.— Vale. Bien.

(TELÓN)